BEI GRIN MACHT SICH IHR WISSEN BEZAHLT

- Wir veröffentlichen Ihre Hausarbeit,
  Bachelor- und Masterarbeit

- Ihr eigenes eBook und Buch -
  weltweit in allen wichtigen Shops

- Verdienen Sie an jedem Verkauf

Jetzt bei www.GRIN.com hochladen und kostenlos publizieren

Norman Albat

Künstliche Intelligenz. Eine praxisorientierte Einführung am Beispiel von Drohnen

GRIN Verlag

Bibliografische Information der Deutschen Nationalbibliothek:

Die Deutsche Bibliothek verzeichnet diese Publikation in der Deutschen National-bibliografie; detaillierte bibliografische Daten sind im Internet über http://dnb.d-nb.de/ abrufbar.

Impressum:

Copyright © 2014 GRIN Verlag GmbH
Druck und Bindung: Books on Demand GmbH, Norderstedt Germany
ISBN: 978-3-656-85672-6

Dieses Buch bei GRIN:

http://www.grin.com/de/e-book/281861/kuenstliche-intelligenz-eine-praxisorien-tierte-einfuehrung-am-beispiel

GRIN - Your knowledge has value

Der GRIN Verlag publiziert seit 1998 wissenschaftliche Arbeiten von Studenten, Hochschullehrern und anderen Akademikern als eBook und gedrucktes Buch. Die Verlagswebsite www.grin.com ist die ideale Plattform zur Veröffentlichung von Hausarbeiten, Abschlussarbeiten, wissenschaftlichen Aufsätzen, Dissertationen und Fachbüchern.

Besuchen Sie uns im Internet:

http://www.grin.com/

http://www.facebook.com/grincom

http://www.twitter.com/grin_com

Künstliche Intelligenz – *Eine praxisorientierte Einführung am Beispiel von Drohnen*

Hausarbeit

vorgelegt von   Norman Albat

Fach   Interdisziplinäre Aspekte der Wirtschaftsinformatik

Inhaltsverzeichnis

Abbildungsverzeichnis

Seite

Abkürzungsverzeichnis

AI .... Artificial Intelligence

CEO .... Chief Executive Officer

KI .... künstliche Intelligenz

LISP .... List Processing

LT .... Logic Theorist

MIT .... Massachusetts Institute of Technology

UAV .... Unmanned Aerial Vehicle

WB .... Wissensbasis

1 Einleitung und Zielsetzung

Was bedeutet es zu denken? Können auch Maschinen denken oder nur Menschen? Diese essentiellen Fragen sind seit mehr als 60 Jahren Bestandteil der wissenschaftlichen Diskussion in der Informatik. Mit jedem Tag des technologischen Fortschritts wird der „Ruf" nach der Beantwortung dieser Frage lauter, denn „das Firmament des Internets schließt sich über unseren Köpfen und lässt uns im bedeutungsschweren Halbdunkel des Cyberspace zurück."[1]

Obwohl die Menschheit viele Versuche unternahm, ihre eigene intellektuelle Leistungsfähigkeit zu definieren, gibt es bis heute noch kein Naturgesetz oder Schema, nach dessen Regeln Intelligenz gemessen werden kann. Intelligenz wird heute anhand von rein subjektiv empfundener Verhaltensweise definiert. An diesem Punkt versucht die moderne Wissenschaft anzusetzen, mit dem Ziel, Intelligenz durch computergestützte Systeme darzustellen.[2]

Der Begriff „künstliche Intelligenz" (KI) weckt in uns Menschen Emotionen. Die besondere Faszination des Begriffs ergibt sich aus der Tatsache, dass Intelligenz dem Menschen ein Alleinstellungsmerkmal unter den Lebewesen verleiht. Von immenser Bedeutung für das Verständnis von KI sind Fragen wie: „Was ist Intelligenz?", „Wie kann man Intelligenz messen?" oder „Wie funktioniert unser Gehirn?". Die zentrale Frage für einen Informatiker ist jedoch die Frage nach der intelligenten Maschine, die sich verhält wie ein Mensch und intelligentes Verhalten zeigt.[3]

Im Rahmen der Ausarbeitung „Künstliche Intelligenz - eine praxisorientierte Einführung am Beispiel von Drohnen" wird zunächst darauf eingegangen, was Intelligenz ist und welche Mechanismen das „Tun und Handeln" von Menschen bestimmen. Es werden der geschichtliche Verlauf, die Teilgebiete von KI sowie Agenten und wissensbasierte Systeme vorgestellt. An praxisbezogenen Beispielen wird der Status Quo der heute bereits zum Einsatz kommenden KI-Technik skizziert. Im Zuge der Schlussbetrachtung wird aufgezeigt, welche Zukunftsperspektive für KI im Wirtschaftsleben prognostiziert werden kann. Das Thema wird mit einer kritischen Würdigung und einem daraus resultierenden Fazit abgeschlossen.

---

[1] Gelernter, D. (2010).

[2] Vgl. Schiffer, B. (2000) S. 1.

[3] Vgl. Ertel, W. (2013) S. 1.

2 Abgrenzung von Intelligenz und künstlicher Intelligenz

2.1 Definition von „Intelligenz"

Seit mehreren hundert Jahren sind Wissenschaftler damit beschäftigt, eine geeignete Definition für den Begriff „Intelligenz" zu finden. Die Begriffsdefinition tangiert unterschiedliche Bereiche der Wissenschaft. So beschäftigen sich beispielsweise Psychologen, Neurobiologen, Neurowissenschaftler und eine Reihe weiterer Naturwissenschaftler mit der Frage, was Intelligenz ist.[4]

In der Psychologie wird Intelligenz definiert als „ein hypothetisches Konstrukt (d.h. eine Erklärung für ein nicht direkt beobachtetes Phänomen), das die erworbenen kognitiven Fähigkeiten und Wissensbestände einer Person bezeichnet, die ihr zu einem gegebenen Zeitpunkt zur Verfügung stehen."[5] Einige wissenschaftliche Ansätze untergliedern den Intelligenz-Begriff in eine „kristalline" und eine „fluide" Intelligenz. Unter „kristalliner" (fester) Intelligenz wird all das verstanden, was man gelernt hat und kann. Unter „fluider" (flüssiger) Intelligenz subsumieren Wissenschaftler die Fähigkeit, sich an eine Situation anzupassen – zum Beispiel, Neues zu lernen und Schlussfolgerungen zu ziehen.[6]

Auch die Intelligenzmessung kann bei dem Definitionsansatz eine Rolle spielen und ergibt sich aus dem Ansatz des US-amerikanischen Biochemikers Isaac Asimov. Er beschreibt Intelligenz als „das, was der Intelligenztest misst." In solchen Tests werden bestimmte Eigenschaften untersucht, etwa die Fähigkeit, komplexe Aufgaben zu lösen. Das Ergebnis ist ein Zahlenwert, der Intelligenzquotient.[7]

Die vorliegende Ausarbeitung konzentriert sich bei der Definition des Begriffs Intelligenz auf einen sehr allgemeinen Ansatz. Demnach ist Intelligenz „die Umschreibung für die Fähigkeit, sich in neuen Situationen durch Einsicht zurechtzufinden und Aufgaben durch Denken zu lösen. Erfahrung spielt dabei keine Rolle, eher das schnelle Erfassen von Beziehungen und deren Kombinationen. So kann ein neuer Blick auf ein beste-

---

[4] Vgl. Kern, S. / Schadwinkel, A. / Zielke, J. (2013).

[5] Maier, G. W. (2010).

[6] Vgl. PM-Magazin (2012).

[7] Vgl. Kern, S. / Schadwinkel, A. / Zielke, J. (2013).

hendes Problem entstehen und zu einer schnellen Lösung führen – ohne Ausprobieren und Lernen"[8]

2.2 Definition von „künstlicher Intelligenz"

Schon seit Jahrhunderten wird versucht, Menschen durch Automaten oder Maschinen nachzuahmen. Maßgebend für diese Entwicklung war ein lang geprägtes mechanistisches Weltbild, das in diesem Zusammenhang besagt, dass der Mensch letztendlich nur eine Maschine ist, die den Gesetzen der Physik und speziell der Mechanik unterliegt.[9] Ein Umdenken dieser Sichtweise ist auf die Entwicklung des Computers bzw. der digitalen Technik zurückzuführen. Der Computer ermöglichte es erstmals, bis dato menschliche Aufgaben - wie beispielsweise das Denken - zu übernehmen und Informationen in digitaler Form wiederzugeben. In diesem Zusammenhang trat der Begriff der Intelligenz auf, welcher zu einem Faktor geworden ist, der von Intellektuellen auf Maschinen übertragen wird.[10]

Das Teilgebiet der Informatik, welches sich mit der Untersuchung der intelligenten Maschine beschäftigt, ist die KI. Ziel von KI ist es jedoch nicht nur, die Intelligenz von Maschinen zu verstehen, sondern auch intelligente Einheiten zu erstellen.[11] Es ist gibt kaum ein anderes Teilgebiet der Informatik, das in den letzten Jahrzehnten mehr emotional geladene Debatten ausgelöst hat als der Bereich KI. Ein Auslöser hierfür ist u.a. die amerikanische Wortwahl - „Artifictial Intelligence" (AI) - und deren Übersetzung ins Deutsche. Die Inhalte des Themenbereichs wären vermutlich besser übersetzt mit Synonymen wie „gekünstelter oder synthetischer Intelligenz".[12]

Mit der Schaffung der Maschine und dem Beweis, dass alles, was berechenbar auch schaltbar ist, veröffentlichte Alan Turing 1951 den Gedanken, dass man ab einem bestimmten Zeitpunkt davon ausgehen muss, dass Maschinen die Macht übernehmen. Der Ursprung dieser Zukunftsansicht war der ein Jahr zuvor erschienene Aufsatz mit dem Titel „Computing Machinery and Intelligence". Die zentrale Fragestellung, die sich

---

[8] Kern, S. / Schadwinkel, A. / Zielke, J. (2013).

[9] Vgl. Gierhardt, H. (2014).

[10] Vgl. Schmitz, O. (2014).

[11] Vgl. Rusell, S. / Norvig, P. (2003) S. 18.

[12] Vgl. Lämmel, U. / Cleve, J. (2012) S. 11.

Turing in diesem Aufsatz stellte, war: Kann eine Maschine denken?[13] Der nach Turing benannte Turing-Test hatte die Intention, eine zufriedenstellende operationale Definition der Intelligenz zu erzielen. Er verzichtete dabei auf die Etablierung von Parametern, die die Intelligenz auszeichnen und schlug einen Test vor, der auf der Unmöglichkeit der Unterscheidung von zweifellos intelligenten Einheiten basierte – dem Menschen. Der Computer bestand dann den Test, wenn eine menschliche Testperson, die einige schriftliche Fragen stellte, nicht erkennen kann, ob die schriftlichen Antworten von einem Menschen stammen oder nicht.[14] Die nachfolgende Abbildung zeigt schematisch den Aufbau des Turing-Tests.

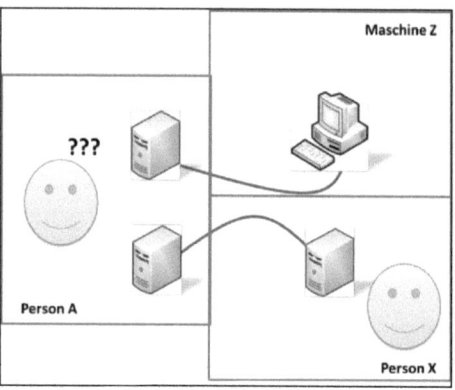

Abb. 1 Turing-Test[15]

Im Laufe der Jahre haben sich einige Definitionsansätze für KI entwickelt. Einer der ersten Definitionsansätze für KI beruht auf John McCarthy aus dem Jahr 1956: „Ziel der KI ist es, Maschinen zu entwickeln, die sich verhalten, als verfügen sie über Intelligenz."[16]

Heutzutage kann KI aus zwei unterschiedlichen Blickwinkeln betrachtet werden. Zum einen zieht man den Menschen als Vergleich heran.[17] Demnach ist KI „die Kunst, Maschinen zu schaffen, die Funktionen erfüllen, die, werden sie von Menschen ausgeführt,

---

[13] Vgl. Schmitz, O. (2014).

[14] Vgl. Rusell, S. / Norvig, P. (2003) S. 19.

[15] Eigene Darstellung.

[16] Ertel, W. (2013) S. 1.

[17] Vgl. Lämmel, U. / Cleve, J. (2012) S. 13.

der Intelligenz bedürfen."[18] Eine andere Herangehensweise bei der Definition von KI ist, den Begriff durch das Aufzählen der Arbeitsgebiete zu charakterisieren. Demnach ist KI ein „Teilgebiet der Informatik, das so unterschiedliche Problembereiche wie Bildverarbeitung, Robotik, Fließtext- und Spracherkennung, mechanische Beweise und anderes umfasst und auch die Konstruktion von wissensbasierten Systemen einschließt."[19]

In der Fachliteratur gibt es eine Reihe weiterer Definitionsansätze für KI. Die vorliegende Arbeit legt den Fokus der weiteren Betrachtung auf folgenden Ansatz: KI ist ein „Teilgebiet der Informatik, welches versucht, menschliche Vorgehensweisen der Problemlösung auf Computern nachzubilden, um auf diesem Weg neue oder effizientere Aufgabenlösungen zu erreichen."[20]

3 Künstliche Intelligenz

3.1 Geschichte

KI hat viele wissenschaftliche Vorreiter, die sich schon lange vor der Entwicklung des „digitalen Zeitalters" mit Fragen über die Intelligenz in der Mechanik beschäftigten. Bereits im alten China, Ägypten und Griechenland tauchten Dokumente auf, die beweisen, dass Menschen das Ziel verfolgten, den Menschen mithilfe von Technologien an sich selbst zu modellieren. Als Vorreiter für KI kann jede Technik angesehen werden, die gezielt dazu genutzt wird, intelligente Agenten oder Modelle des Geistes nachzubilden. Der maßgebende Ursprung für Intelligenz lag jedoch nicht in der Technik, sondern in der Philosophie. Vor gut 400 Jahren begannen Philosophen wie Hobbes, Decantes und Pascal, über die Natur des Denkens und der Vernunft zu sinnieren. Diese intellektuelle Diskussion kann als Ursprung für KI angesehen werden.[21]

Die ersten Anfänge von KI begannen in den dreißiger Jahren des 20. Jhd. So wurden von Kurt Gödel, Alonso Church und Alan Turing wichtige Elemente für die Logik und die theoretische Informatik gelegt. In den vierziger Jahren wurden dann, basierend auf den Ergebnissen der Hirnforschung, durch McCulloch, Pitts und Hebb die ersten ma-

---

[18] Rusell, S. / Norvig, P. (2003) S. 18.

[19] Lämmel, U. / Cleve, J. (2012) S. 13.

[20] Dicke, R. (2006) S. 131.

[21] Vgl. Poole, D. / Mackworth, A. (2010).

thematischen Modelle für neuronale Netze entworfen. Zur Simulation von einfachen Gehirnen fehlten zu dieser Zeit allerdings noch leistungsfähige Computer.[22]

Die Geburtsstunde der KI ist auf einen zwei Monate dauernden Workshop in Dartmouth/ New Hempshire, der von John McCarthy 1956 organsiert wurde, zurückzuführen. An dieser mehrwöchigen Konferenz nahmen Wissenschaftler aus Princeton, vom Massachusetts Institute of Technology (MIT), aber auch Mitarbeiter von IBM teil. Zwei wesentliche Ergebnisse dieser Konferenz erlangten für die weitere Entwicklung von KI essentielle Bedeutung. Alan Newell und Herbert Simon stellten im Rahmen des Workshops das Schlussfolgerungsprogramm, den Logic Theorist (LT), vor. Dieses Programm, welches als automatischer Theorembeweiser genutzt wurde, zeigte auf, dass mit Computern, die bisher nur mit Zahlen arbeiten konnten, auch Symbole verarbeitet werden können. Der zweite Meilenstein in der KI-Entwicklung, der im Rahmen der Konferenz vorgestellt wurde, war die von John McCharthy entwickelte Programmiersprache LISP (List Processing), die speziell für die Verarbeitung von symbolischen Strukturen geschaffen wurde.[23]

In der Folge des Seminars in Dartmouth kann die Entwicklung der KI in verschiedene Epochen eingeteilt werden. Diese waren die klassische Periode (1956 – 1965), die romantische Periode (1965 – 1975), die moderne Periode (nach 1975) sowie die Epoche der neuen Trends (nach 1990). Jede dieser Epochen war geprägt durch unterschiedliche wissenschaftliche Erkenntnisse im Bereich der KI.[24] Da die Erkenntnisse jedoch nicht Gegenstand der weiteren Betrachtung sind, wird an dieser Stelle näher weiter darauf eingegangen.

3.2   Anwendungsbereiche und Teilgebiete von KI

KI ist heutzutage allgegenwärtig und kommt in vielen interdisziplinären Teilgebieten zum Einsatz. Die KI greift auf Ergebnisse der Statistik, Regelungstechnik, Bildverarbeitung, Linguistik, Philosophie, Psychologie und Neurobiologie zurück.[25] Die systemati-

---

[22] Vgl. Ertel, W. (2013) S. 6f.

[23] Vgl. ebd. S. 7.

[24] Vgl. Stein, B. (2013).

[25] Vgl. Rusell, S. / Norvig, P. (2003) S. 49.

sche Klassifizierung der Teildisziplinen der KI stößt aktuell scheinbar an seine Grenzen und wird daher in der einschlägigen Fachliteratur kontrovers diskutiert.[26]

Die Kerngebiete, die in sämtlicher Fachliteratur aufgegriffen werden, sind: natürlichsprachliche Systeme, bildverstehende bzw. bildverarbeitende Systeme, Expertensysteme und die Robotik.[27] Neuere Auffassungen zählen noch weitere Disziplinen wie Multiagenten-Systeme, intelligente tutorielle Systeme, intelligente Hilfesysteme, intelligente Benutzerschnittstellen und die PC-Spiele Branche zu den Kerngebieten hinzu.[28] Die nachfolgende Abbildung zeigt schematisch die Kerngebiete der KI.

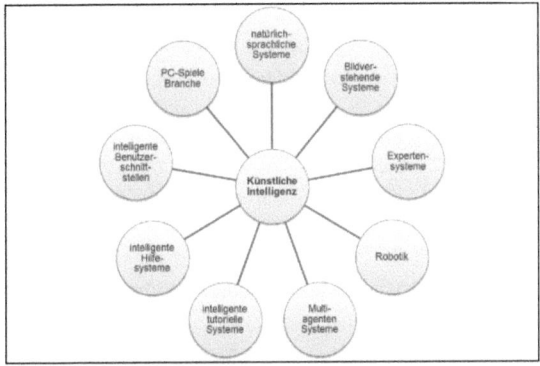

Abb. 2 Teilgebiete der KI[29]

Unter natürlichsprachlichen Systemen versteht man Computersysteme, die in der Lage sind, einen eingeschränkten Ausschnitt der geschriebenen oder gesprochenen Sprache zu verstehen.[30] Im Bereich der KI werden sie als Ausgangspunkt für die Entwicklung von Agenten und Multiagenten-Systemen angesehen.[31]

Das Kerngebiet der Robotik beschäftigt sich damit, Robotern intelligentes Verhalten bzw. intelligent wirkende Fähigkeiten zu verleihen. Im Rahmen der Robotik wird zunehmend auf andere Kerngebiete der KI wie bildverstehende Systeme oder auch intelligente Benutzerschnittstellen zurückgegriffen. Bildverstehende Systeme haben dabei die

---

[26] Vgl. Görz, G / Nebel, B. (2003) S. 42.

[27] Vgl. ebd. S. 44.

[28] Vgl. Wahlster, W. (2002).

[29] Eigene Darstellung.

[30] Vgl. Lackes, R. (2012).

[31] Vgl. Breckheimer, A. (2010).

Intention, einer Maschine bzw. einem KI-System zu erlauben, durch Kameras mit seiner Umwelt zu agieren. Unter intelligenten Benutzerschnittstellen subsumiert man KI-Systeme, welche verschiedene Aktionen des jeweiligen Nutzers erfassen und verarbeiten können.[32]

Wie bereits erläutert, stellen sogenannte Expertensysteme ein weiteres Kerngebiet der KI dar. Dies sind Programme, die sehr oft im Dialog Aufgaben von Spezialisten wahrnehmen oder Experten bei ihrer Arbeit unterstützen. Multiagenten Systeme unterscheiden sich von Expertensystemen darin, dass sie die vom Anwender delegierten Aufgaben autonom erfüllen.[33] Auch intelligente Hilfesysteme und intelligente tutorielle Systeme unterscheiden sich nur sehr marginal. Hilfesysteme haben das Ziel, den Nutzer bei einer Problemlösung zu unterstützen, indem sie bestimmtes Wissen zur Verfügung stellten. Intelligente tutorielle Systeme dienen dazu, dem Benutzer einen bestimmten Lehrstoff zu präsentieren, allerdings achtet das System darauf, dass der Nutzer auch den Sachverhalt verstanden hat, indem es gezielte Fragen stellt.[34]

Ein Kerngebiet, das erst in dem letzten Jahrzehnt in der KI-Wissenschaft an Bedeutung gewonnen hat, ist der Einsatz in der Spielindustrie. Zunächst lag der Fokus hierbei auf klassischen Brettspielen wie Dame, Schach usw., da sich diese Spielzustände sehr leicht auf einem Computer simulieren lassen.[35] Mit zunehmender technologischer Entwicklung kam der Einsatz von KI-Techniken auch in anderen Spiele-Genres zum Einsatz. Die Intention der Spiele-Branche ist, den virtuellen Akteuren einen Hauch von Natürlichkeit einzuimpfen, indem sie sich in unterschiedlichen Szenarien auch möglichst unterschiedlich verhalten.[36]

3.3   Agenten und wissensbasierte Systeme

Zwei Kerngebiete, die in Bezug auf KI enorme Relevanz haben, sind intelligente Agenten und wissensbasierte Systeme.[37] Das Wort Agent kommt aus dem lateinischen (agere = handeln, treiben) und bezeichnet einen Vertreter bzw. einen Handelnden, der im Auf-

---

[32] Vgl. Breckheimer, A. (2010).

[33] Vgl. Schmauch, C. (2006).

[34] Vgl. Breckheimer, A. (2010).

[35] Vgl. Karagiannis, D. / Telesko, R. (2001) S. 106.

[36] Vgl. Breckheimer, A. (2010).

[37] Vgl. Lämmel, U. / Cleve, J. (2012) S. 20.

trag eines Anderen in dessen Interesse agiert. Agenten kommen heutzutage in den un-
terschiedlichsten Ausprägungen vor. Ein Agent kann eine natürliche Person, ein Roboter, eine Software oder ein Steuerungssystemen bspw. ein fahrerloses Transportsystem
sein. Agenten zeichnen sich dadurch aus, dass sie stets für ihren Auftraggeber eine Leis-
tung bzw. einen Auftrag erfüllen. Ein wesentliches Merkmal von Agenten ist, dass ihr
Handeln durch ein gewisses Maß an Autonomie bestimmt wird. Demnach werden
Agenten nicht direkt durch ihren Auftraggeber gesteuert und bestimmen einen Teil ihres
Agierens selbst.[38]

Ein Agent ist etwas, das seine Umgebung über Sensoren wahrnehmen kann und in dieser Umgebung durch Aktuatoren handelt.[39] Des Weiteren zeichnet Agenten aus, dass
sie in der Lage sind, ihr Agieren zu planen, zu kommunizieren und aus Erfahrungen zu
lernen.[40] Ein menschlicher Agent hat Augen, Ohren und andere Organe als Sensoren
sowie Hände, Füße, Mund und andere Körperteile als Aktuatoren. Auch Drohnen, deren
Untersuchung ein wesentlicher Bestandteil der vorliegenden Arbeit ist, kann man ver-
einfacht als Agent klassifizieren. Drohnen können Kameras und Infrarotbeweisbilder als
Sensoren verwenden und somit Reize aus der Umgebung wahrnehmen. Ihre Motoren,
mit deren Hilfe sie sich fortbewegen, fungieren dabei als Aktuatoren, da sie Aktionen
auf die Umgebung ausüben.[41] Die nachfolgende schematische Darstellung veranschau-
licht die Architektur von Agenten.

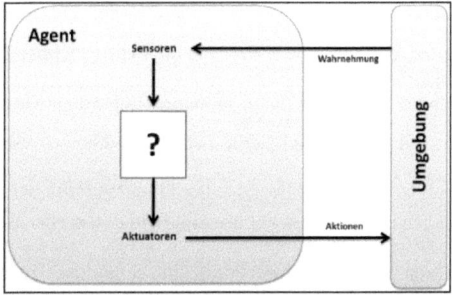

Abb. 3 Architekturmodell eines einfachen Agenten[42]

---

[38] Vgl. Bahlo, T. (2007) S. 23.

[39] Vgl. Rusell, S. / Norvig, P. (2003) S. 55.

[40] Vgl. Lämmel, U. / Cleve, J. (2012) S. 20.

[41] Vgl. Rusell, S. / Norvig, P. (2003) S. 55.

[42] In Anlehnung an: ebd. S. 56.

Im Bereich der KI wird ein Agent als ein allgemeines System bezeichnet, welches Informationen verarbeitet und aus einer Eingabe eine Ausgabe produziert. Diese Agenten lassen sich in vielfältiger Weise klassifizieren. In der klassischen Informatik werden hauptsächlich Software-Agenten eingesetzt. In der Robotik werden dagegen überwiegend Hardware-Agenten eingesetzt.[43]

Eine weitere Klassifizierung stellen Reflex-Agenten und Agenten mit Gedächtnis dar. Reflex-Agenten wählen Aktionen auf Grundlage der aktuellen Wahrnehmung aus und ignorieren den restlichen Wahrnehmungsverlauf.[44] Agenten mit Gedächtnis beziehen bei ihren Entscheidungen auch die Vergangenheit ein. Beispielsweise hat ein fahrender Roboter, der über die Sensoren seinen genauen Ort und die Zeit kennt, als Reflex-Agent keine Möglichkeit, seine Geschwindigkeit zu bestimmen. Speichert er jedoch den Ort in kurzen Zeitabständen jeweils bis zum nächsten Zeitpunkt, so kann er ganz einfach seine mittlere Geschwindigkeit im letzten Zeitintervall berechnen.[45]

Zielorientierte Agenten konstruieren ein inneres Zielmodell, das sie erreichen wollen und versuchen, eine Folge von Schritten zu finden, um das Ziel zu erreichen. Diese Agenten sind in der Lage, verschiedene Aktionen zu vergleichen und die optimalste zu wählen. Eine Bedingung hierfür ist, dass sich die Ziele während der Ausführung der einzelnen Schritte nicht ändern. Ein Beispiel für einen zielorientierten Agenten ist ein Spam-Filter, der ankommende E-Mails in erwünschte und unerwünschte einteilt sowie die unerwünschten E-Mails gegebenenfalls löscht. Die Intention des Spam-Filters als zielorientierter Agent ist, alle E-Mails in die richtige Klasse einzuteilen.[46]

Agenten können auch nach ihrem primären Ziel unterschieden werden. So hat ein kostenorientierter Agent das Ziel, durch Fehlentscheidungen entstehende Kosten langfristig zu minimieren. Analog ist das Ziel eines nutzenorientierten Agenten, den durch korrekte Entscheidungen entstehenden Nutzen langfristig zu maximieren.[47]

Für die KI von besonderer Bedeutung sind lernfähige Agenten, die anhand von Trainingsbeispielen und erfolgreichen Aktionen oder auch durch positives bzw. negatives

---

[43] Vgl. Ertel, W. (2013) S. 12.

[44] Vgl. Rusell, S. / Norvig, P. (2003) S. 72.

[45] Vgl. Ertel, W. (2013) S. 12.

[46] Vgl. Ghanbari, S. A. (2006) S. 46.

[47] Vgl. Ertel, W. (2013) S. 13f.

Feedback auf die Aktionen in der Lage sind, sich selbst so zu verändern, dass der mittlere Nutzen ihrer Aktionen im Laufe der Zeit wächst.[48] Ein lernender Agent kann in vier konzeptionelle Komponenten unterteilt werden. Die wichtigsten Unterscheidungsmerkmale zu anderen Agenten sind das Lernelement, das dafür verantwortlich ist, Verbesserungen zu erzielen, und das Leistungselement, das für die Auswahl erlernter Aktionen verantwortlich ist. Mithilfe des Leistungselements können Wahrnehmungen aufgenommen werden und der Agent entscheidet, welche Aktionen ausgeführt werden sollen. Das Lernelement verwendet das Feedback und entscheidet, ob das Leistungselement abgeändert werden soll, um in Zukunft bessere Ergebnisse zu erzielen.[49] Die nachfolgende Abbildung zeigt den schematischen Aufbau eines lernenden Agenten.

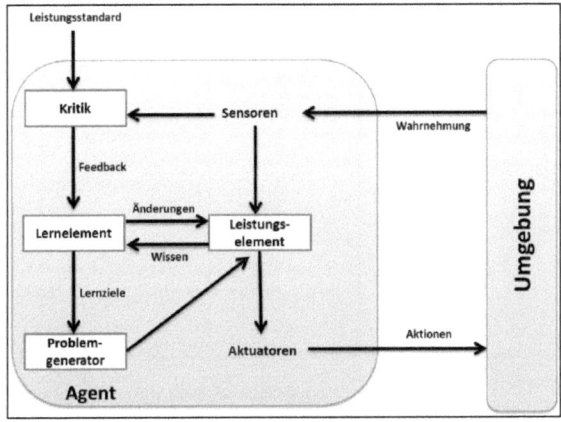

Abb. 4 Architekturmodell eines lernenden Agenten[50]

Heutzutage kommen vermehrt verteilte Agenten zum Einsatz, bei denen die Intelligenz nicht in einem Agenten lokalisiert ist, sondern erst durch die Kooperation vieler Agenten in Erscheinung tritt.[51]

In der KI werden in den Bereichen, in denen Agenten für das Lösen einer Aufgabe Wissen benötigen, wissensbasierte Systeme eingesetzt.[52] Allgemein ist unter einem wis-

---

[48] Vgl. Ertel, W. (2013) S. 14.

[49] Vgl. Rusell, S. / Norvig, P. (2003) S. 80.

[50] In Anlehnung an: ebd.

[51] Vgl. Ertel, W. (2013) S. 14.

[52] Vgl. Brewka, G (2014).

sensbasierten System ein Programm zu verstehen, das mit Wissen und Schlussfolgerungsfähigkeiten ausgestattet ist und in einem begrenzten Aufgabengebiet die Problemlösungsfähigkeit einer qualifizierten Fachperson besitzt.[53] In einem wissensbasierten System ist es unabdingbar, dass das Wissen zunächst vom eigentlichen Verfahren bzw. Programm getrennt wird. Das Wissen wird in einer Wissensbasis (WB) gespeichert. Der Erwerb des Wissens in der WB wird als Knowledge Engineering bezeichnet und basiert auf unterschiedlichen Wissensquellen wie zum Beispiel menschlichen Experten (knowledge engineer) und Datenbanken. Die nachfolgende Grafik zeigt die Architektur wissensbasierter Systeme.

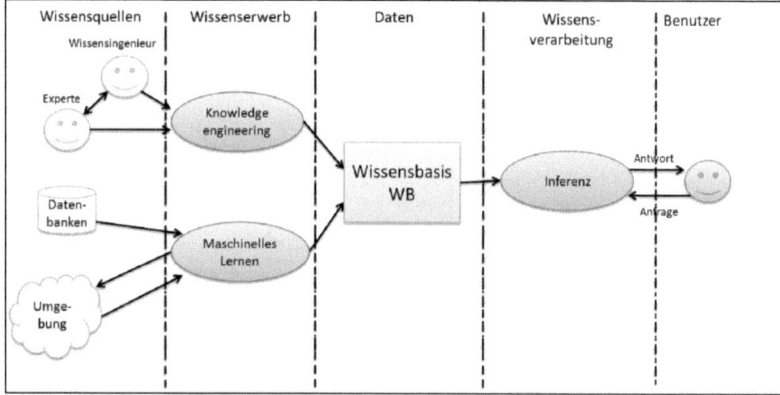

Abb. 5 Struktur eines wissensbasiertes Systems[54]

Essentiell für die WB ist, dass eine Möglichkeit geschaffen wird, neues Wissen hinzuzufügen und bereits bekanntes abzufragen. Maßgebend ist bei wissensbasierten Systemen zusätzlich die exakte Trennung von Wissen und Inferenzen. Unter Inferenzen ist das Ableiten von neuem Wissen von bereits vorhandenem Wissen zu verstehen.[55] Durch das Abkoppeln der WB von der Inferenz kann das Wissen deklarativ gespeichert werden. In der WB steht nur eine Beschreibung des Wissens, die unabhängig vom verwendeten Inferenzverfahren ist. Ohne diese Trennung wären Wissen und Abarbeitung von Inferenzschritten sehr komplex und die Änderung des Wissens wäre sehr aufwen-

---

[53] Vgl. Dicke, R. S. 132.

[54] In Anlehnung an: Ertel, W. (2013) S. 15.

[55] Vgl. Rusell, S. / Norvig, P. (2003) S. 251.

dig.[56] Zur Darstellung des Wissens in der WB, zwischen Mensch und Maschine, bietet sich die Verwendung einer formalen Sprache an. Diese Darstellung kann auch als Wissenspräsentationssprache bezeichnet werden. In der KI werden vor allem die Aussagenlogik, die Pärdikatenlogik, probabilistische Logik, Fuzzy-Logik und Entscheidungsbäume als Wissenspräsentationssprache verwendet.[57]

4 Relevanz von künstlicher Intelligenz im Wirtschaftsleben

4.1 Einsatzgebiete von Drohnen

Unter Drohnen werden unbemannte motorisch angetriebene Luftfahrzeuge subsumiert. Im englischen werden Drohen auch als Unmanned Aerial Vehicle (UAV) bezeichnet.[58] Drohnen können sowohl autonom fliegende Objekte als auch von Menschenhand gesteuerte Flugzeuge sein.[59]

Die Einsatzgebiete von Drohnen sind heutzutage sehr vielfältig. Drohnen sind jedoch durch ihren militärischen Einsatz bekannt und in Verruf geraten. Doch Drohnen können auch nützliche Dienste verrichten, für Landesbauämter, den Katastrophenschutz, Archäologen und sogar für Winzer. Solche zivile Profi-Drohnen haben mehrere Beine (Multicopter) und können aus dem Stand starten. Sie werden zumeist von einem Piloten vom Boden über eine dazugehörige Kontrolleinheit bedient, zusätzlich können sie mit GPS-Daten zur besseren Routenerkennung programmiert werden. Drohnen können mit vielfältigen Sensorensystemen ausgestattet sein. Die entsprechenden Systeme orientieren sich dabei an den jeweiligen Einsatzbereichen. Beispiele dieser Sensorensysteme sind Kameras, Infrarot, Gas oder Radioaktivität. Dank integrierter Laserscanner vermeiden sie Kollisionen. Zur Höhenkontrolle werden biometrische Sensoren verwendet, zur Lageregelung Kreisel- und Beschleunigungssensoren. Die meisten Drohnen liefern Live-Bilder via Funk, hochauflösende Bilder speichern die mitfliegenden Kameras auf SD-Karten. Ihre Energie beziehen die Drohnen über integrierte Lithium-Polymer-Ionen-Akkus, mit einer Akkuladung fliegen sie mit einem Kilo Nutzlast etwa eine Stunde.[60]

---

[56] Vgl. Ertel, W. (2013) S. 14.

[57] Vgl. Rusell, S. / Norvig, P. (2003) S. 251.

[58] Vgl. CSS ETH Zürich (2010).

[59] Vgl. Oehler, J. (2010).

[60] Vgl. Creditreform (2014).

Das Einsatzgebiet von Drohnen kann in zwei elementare Anwendungsbereiche untergliedert werden – die militärische und die zivile Nutzung. Im zivilen Bereich kommen Drohnen für Luftaufnahmen, zur technischen Kontrolle von Hochspannungsmasten, in der Vermessungstechnik, Forstwirtschaft, Erkundung, Tierschutz, Polizei und Feuerwehr sowie im privaten Gebrauch zum Einsatz. Im militärischen Bereich übernehmen Drohnen Aufgaben wie Aufklärung, Erkundung, Spionage, Bekämpfung und Zerstörung. Man unterteilt die Drohnen in diesem Bereich in Kampf- und Spionagedrohnen. Die bekanntesten militärischen Drohnen sind Predator, GlobalHawk und EuroHawk. Die beiden zuletzt genannten stellen dabei reine Spionage- und Aufklärungsdrohnen dar, die Predator kann zusätzlich auch als Kampfdrohne eingesetzt werden.[61] Die nachfolgende Abbildung zeigt sowohl eine militärische als auch eine zivile Drohne.

Abb. 6 militärische und zivile Drohne[62]

4.2   Drohnen als Unterstützer im Wirtschaftsleben

Ein Thema, was vor kurzen in den Medien präsent war, ist der Einsatz Drohnen für das Ausliefern von Paketen. Losgelöst hat diese Diskussion der CEO von Amazon - Jeff Bezos. Das Ziel von Amazon ist, in naher Zukunft bestellte Ware mit kleinen Drohnen auszuliefern und somit die Kosten für Paketzulieferdienste zu reduzieren. Aktuell befindet man sich bei Amazon in der Testphase und prüft, inwieweit Drohnen bei der Zustellung von Paketen zum Einsatz kommen können. Die achtmotorige Amazon-Drohne könnte Pakte mit einem Gewicht von bis zu 2,3 kg innerhalb von 30 Minuten befördern. Ein wesentlicher Vorteil für Amazon ist, dass der Konzern einen Großteil seiner Pakte selbst ausliefern könnte, denn nur 14 Prozent aller Amazon Bestellungen sind schwerer als die maximal möglichen 2,3 kg. Die kleinen Fluggeräte würden in den Logistikzen-

---

[61] Vgl. Oehler, J. (2010).

[62] Eigene Darstellung.

tren abheben und die bestellte Ware direkt zum Kunden liefern. Amazon will diesen Service, in Anlehnung an die Bestelloption „Prime", „Amazon Prime Air" nennen.[63]

Auch wenn bezweifelt werden kann, dass der Einsatz von Drohnentransporten in den nächsten 4 bis 5 Jahren technisch und rechtlich möglich ist, reagierten auch andere Paketzusteller auf Amazons Ankündigung. Die Deutsche Post mit ihrer Tochter DHL beschäftigt sich seit mehr als 6 Jahren mit dem Einsatz von Drohnentechnologie in der Paketzustellung. Der Konzern gab mittlerweile bekannt, dass in dem Forschungszentrum in Troisdorf ein zweistelliger Millionenbetrag in das Projekt „Paketkopter" eingeflossen ist. Die Intention der Deutschen Post liegt jedoch eher darin, die unbemannten Flugkörper für den raschen Transport von wichtigen Medikamenten bzw. für die Zustellung von Pakten zu geografisch schwer zugänglichen Adressen einzusetzen.[64]

Neben den soeben aufgeführten Praxisbeispielen wird die Technologie auch in anderen Anwendungsbereichen eingesetzt. Ein Projektteam der Universität Kassel, Fachbereich Technische Informatik, hat eine virtuelle Trainingsarena programmiert, in der Löschzüge den Einsatz von Drohnen dreidimensional am Computer trainieren können. Die Vorteile für den Einsatz von Drohnen sind darin begründet, dass sie schnell vor Ort sind und auch schwerzugängliches Einsatzgebiet erreichen. Ein zusätzlicher Mehrwert ist, dass man aus der Vogelperspektive oftmals wesentlich bessere Informationen gewinnen kann. In dem Projekt der Universität Kassel wurde, um den Drohneneinsatz zu testen, eine virtuelle Stadt programmiert, in der Feuerwehren realistische Einsatzszenarien simulieren können.[65]

Dass KI im Allgemeinen und Drohnentechnik im Speziellen auch für andere „Internet-Riesen" an Relevanz gewinnt, zeigen beispielsweise die Unternehmensinvestitionen von Google in den vergangenen Monaten. Das Unternehmen erwarb im ersten Quartal dieses Jahres den Drohnen-Hersteller „Titan Aerospace". Kurz zuvor übernahm Google ein Unternehmen, das sich generell mit KI beschäftigt. Bereits 2013 wurde ein Hersteller für Militär-Roboter erworben. Mit dem Einsatz der Drohnentechnik verfolgt Google drei essentielle Ziele. Zum einen möchte Google weitere Daten für ihren Kartendienst „Google Maps" sammeln. Ebenfalls strebt man mit der neuen Technik die Unterstüt-

---

[63] Vgl. Groh-Kontio, C. (2013).

[64] Vgl. Feust, B. / Gassmann, M. / Hegmann, G. / Nicolai, B. (2013).

[65] Vgl. HNA (2014).

zung des Projekts „Loon" an. Die Intention dieses Projekts ist, eine drahtlose Internetverbindung durch große Ballons in entlegenen Regionen herzustellen. Doch statt Ballons sollen nun Drohnen eingesetzt werden. Das dritte Ziel ist die Unterstützung des Projekts „Makani", mit dem man eine effiziente Energiegewinnung durch fliegende Windräder anstrebt.[66]

5 Zukunftsprognose und Schlussbetrachtung

5.1 Zukunftsprognose

Einige der vorgestellten Projekte, insbesondere das „Prime Air" Projekt von Amazon, sind gewiss noch „Zukunftsmusik", da vor dem Start eines solchen Dienstes noch eine Reihe rechtlicher und technischer Voraussetzungen geschaffen werden müssen. Eine Frage von essentieller Bedeutung ist, in welche Richtung sich die KI-Forschung im Allgemeinen und die Drohnentechnologie im Speziellen entwickeln.

Es gibt heutzutage kaum eine Fragestellung, die in der KI-Forschung kontroverser diskutiert wird. Hans Moravec, ein Experte im Bereich der Robotik, vertritt die These, dass „die Umwandlung der unzulänglichen biologischen, in eine bessere digitale Lebensform, unmittelbar bevor steht." Er begründet seine These mit der Tatsache, dass schon Mitte dieses Jahrhunderts viele Implantate den vergänglichen menschlichen Körper leistungsfähiger machen. Ein anderer KI Vordenker, Ray Kurzweil, prognostiziert eine noch viel drastischere Entwicklung. Er geht davon aus, dass bereits zum Ende des Jahrhunderts die Maschine den Menschen als Krone der Schöpfung ablösen wird.[67] Die Frage bleibt, ob das aus ethischen Gründen zu vertreten ist oder ob die Intention der Forschung nicht dahin gehen sollte, den Menschen bei seiner Weiterentwicklung zu unterstützen und nicht abzulösen?

Auch die Drohnentechnologie wird sich im Laufe der Jahre weiterentwickeln, was schon die Visionen von Jeff Bezos zeigten. Aber auch in anderen Bereichen kommt Drohnentechnologie immer mehr zum Einsatz. Vor einigen Tagen hat die Staatssekretärin Brigitte Zypries den Startschuss für das Programm „Automatik für die Industrie 4.0" gegeben. Dieses Projekt wird mit 40 Millionen EURO vom Bundeswirtschaftsministerium subventioniert. Die Palette der geförderten Projekte reicht von der „Plug&Play"

---

[66] Vgl. Jäger, S. (2014).

[67] Vgl. Zielke, J. (2013).

Vernetzung von Produktionsabläufen und Robotern über autonome und vernetzte Straßenbaumaschinen bis hin zu Sicherheitskonzepten für die Zusammenarbeit von Mensch und Maschine. Die Inventur von Lagerbeständen mit Drohnen ist genauso geplant wie die automatische Einzelstückfertigung von Sportschuhen.[68] Diese Anstrengungen verdeutlichen, dass Drohnentechnologie in naher Zukunft immer mehr an Bedeutung gewinnen wird.

Im militärischen Bereich kommen Drohnen heutzutage schon vermehrt zum Einsatz, und auch hier ist die Tendenz zu erkennen, dass die „Kriegsführung 2.0" von Drohnen bestimmt wird. Dies hätte den Vorteil, dass die menschlichen Verluste in politischen Konflikten minimiert werden könnten. Dennoch ist festzuhalten, dass es auch immer wieder zu Kollateralschäden kommt, sofern die eingesetzte Technologie noch nicht ausgereift ist.[69]

Die vor kurzem veröffentlichte Intention von Rollce Royce, die unbemannte Frachtschiffe planen, zeigt, dass die KI als Zukunftstechnologie an Relevanz gewinnen wird. Ziel des Schiffsdesigners ist, dass eine autonome Dekade von Handelsschiffen auf den Weltmeeren unterwegs ist. Hierdurch sollen vor allem Kosteneffekte erzielt werden, da man sich so die Ausgaben für die Besatzung sparen würde. Das der Mensch an sich nicht komplett obsolet wird, verdeutlicht, dass weiterhin Kapitäne die Frachter steuern, jedoch nicht mehr von Bord, sondern via eines Computerprogramms in einer virtuellen 360 Grad Umgebung.[70] Auch das autonome Fahren, wie beispielsweise das Forschungsprojekt von Volvo, wird in naher Zukunft an Bedeutung gewinnen. Volvos Ziel ist, bis 2018 in Göteborg ca. 100 autonome Fahrzeuge auf der Straße zu etablieren.[71] All diese Entwicklungen zeigen, dass die Zukunft spannend bleibt. Die Erfolge der einzelnen Projekte weisen jedoch eine Gemeinsamkeit auf, technische und regulatorische Bestimmungen sind maßgebende Voraussetzungen für den alltäglichen Einsatz solcher Technologien.

---

[68] Vgl. heisse.de (2014a).

[69] Vgl. Johansen, A. (2011).

[70] Vgl. heisse.de (2014b).

[71] Vgl. Grünweg, T. (2014).

5.2   Fazit

KI ist heutzutage allgengegenwärtig und stark interdisziplinär geprägt. Es gibt kaum einen wissenschaftlichen Bereich, in dem keine KI-Technologien zum Einsatz kommen. Von den Visionen der Pioniere der KI - der intelligenten Maschine - sind wir jedoch noch ein ganzes Stück entfernt. Moralisch stellt sich die Frage, ob wir wollen, dass wir irgendwann von Maschinen ersetzt werden. Die Antwort kann hier nur ganz klar nein lauten. Auch die KI-Forschung hat bereits erkannt, dass es nicht das Ziel sein kann, mit KI den Menschen nachzuahmen. Vielmehr sollen uns Maschinen im Alltag unterstützen und dort, wo der Mensch als Fehlerquelle fungiert, durch die Maschine ersetzt werden. Manchmal kann es befremdlich wirken, wenn man liest, was mit der aktuellen Technologie der KI bereits möglich ist. Doch auch wenn vor kurzem das erste Computerprogramm den Turing Test bestanden hat, darf zu Recht bezweifelt werden, dass Maschinen schon die komplexen Verhaltensweisen des Menschen adaptieren können. Ein Mensch besteht mehr als aus Facetten wie dem Denken und Handeln, ihn zeichnen Wahrnehmung, Emotionen und Gefühle aus. Diese Zustände künstlich zu simulieren, erscheint zum gegenwärtigen Zeitpunkt als sehr unwahrscheinlich.

Die Drohnentechnologie als Teilgebiet der KI kommt heute schon in vielen Teilbereichen des täglichen Lebens zu Einsatz. Die Intention der Unternehmen liegt bei deren Einsatz weniger darin, die menschlich Komponente vollständig obsolet zu machen als vielmehr darin, Synergieeffekte zu generieren. Mithilfe von Innovationsprojekten, zu denen der Einsatz von Drohnen im Wirtschaftsleben zählt, können Unternehmen langfristig einen Wettbewerbsvorteil gegenüber ihrer Konkurrenz generieren. Um sich als Menschheit weiterzuentwickeln, bedarf es Visionären wie Jeff Bezos, die heute schon an das Unternehmen der Zukunft denken. Die Drohnentechnologie kann hierbei zu einem entscheidenden Erfolgsfaktor werden, sofern die unabdingbaren Voraussetzungen, technisch wie rechtlich, dafür geschaffen werden, dass die Technologie in den Alltag der Unternehmen Einzug erhält.

Schon allein aus ethischen Gründen haben die wenigsten KI-Technologien das Ziel, den Menschen durch die Maschine zu ersetzen. Wenn die rasante Entwicklung der letzten Jahrzehnte jedoch beibehalten wird, müssen Science Fiction Szenarien vom fahrerlosem Auto, dem Haushaltsroboter usw., keine Illusion bleiben. Gleichwohl, dass der Weg bis zum Erreichen dieses Ziels noch einige Herausforderungen birgt.

Literatur- und Quellenverzeichnis

1. **Bahlo, Tim (2007):** Untersuchung des Einsatzes von Multiagentensystemen für die Steuerung des Materialflusses in der innerbetrieblichen Logistik, Hamburg, 2007.

2. **Breckenheimer, Andreas (2010):** Grundidee(n) der Künstlichen Intelligenz, URL: http://www.cs.hs-rm.de/~linn/fachsem0910/breki/KI.pdf, Abruf am: 28.06.2014.

3. **Brewka, Gerhard (2014):** Wissensbasierte Systeme, URL: www.informatik.uni-leipzig.de/~brewka/lehre1/1.EINFUEHRUNG.ppt, Abruf am: 28.06.2014.

4. **Creditreform (2014):** Drohnen im Mittelstand: Funktionsweise und weitere Infos, URL: http://www.creditreform-magazin.de/content/drohnen-im-mittelstand-funktionsweise-und-weitere-infos;217810, Abruf am: 19.06.2014.

5. **CSS ETH Zürich (2010):** Drohnen – Militärischer Nutzen und politische Debatten, URL: http://www.css.ethz.ch/publications/pdfs/CSS-Analysen-78.pdf, Abruf am: 19.06.2014.

6. **Dicke, Ralf (2006):** Strategische Unternehmensplanung mit Hilfe eines Assumption-based-Truth-Maintenance-System (ATMS), Wiesbaden, 2006.

7. **Ertel, Wolfgang (2013):** Grundkurs Künstliche Intelligenz – Eine praxisorientierte Einführung, 3. Auflage, Ravensburg, 2013.

8. **Fuest, Benedikt / Gassmann, Michael / Hegmann, Gerhard / Nicolai, Birger (2013):** Deutsche Post plant Drohneneinsatz wie Amazon, URL: http://www.welt.de/wirtschaft/article122487981/Deutsche-Post-plant-Drohneneinsatz-wie-Amazon.html, Abruf am: 19.06.2014.

9. **Gelernter, David (2010):** Künstliche Intelligenz – Ein Geist aus Software, URL: http://www.faz.net/aktuell/feuilleton/debatten/digitales-denken/kuenstliche-intelligenz-ein-geist-aus-software-1607431.html, Abruf am: 27.03.2014.

10. **Ghanbari, Shahram Azizi (2006):** MAS – Multiagentensysteme zur Analyse und Verbesserung von vernetzten, kooperativem Lernen, Münster, 2006.

11. **Gierhardt, Horst (2014):** Können Computer Denken?, URL: http://www.oberstufeninformatik.de/theorie/TheorieV.pdf, Abruf am: 19.06.2014.

12. **Görz, Günter / Nebel, Bernhard (2003):** Künstliche Intelligenz, Frankfurt, 2003.

13. **Groh-Kontio, Carina (2013):** Innovation bei Amazon Werden Postboten durch Mini-Drohnen ersetzt?, URL: http://www.handelsblatt.com/unternehmen/handel-dienstleister/prime-air-mit-mini-drohnen-achtung-da-kommt-ein-amazon-paket-geflogen/9155732.html, Abruf am: 19.06.2014.

14. **Grünweg, Tom (2014):** Pilotprojekt „Drive Me" – Geisterfahrt in Göteborg, URL: http://www.spiegel.de/auto/aktuell/autonomes-fahren-pilotprojekt-drive-me-von-volvo-in-goeteborg-a-972134.html, Abruf am: 06.07.2014.

15. **Heise.de (2014a):** Industrie 4.0: Roboter und Drohnen in der autonomen Fabrik, URL: http://www.heise.de/newsticker/meldung/Industrie-4-0-Roboter-und-Drohnen-in-der-autonomen-Fabrik-2230481.html, Abruf am 26.06.2014.

16. **Heise.de (2014b):** Rolls Royce plant unbemannte Frachtschiffe, URL: http://www.heise.de/newsticker/meldung/Rolls-Royce-plant-unbemannte-Frachtschiffe-2146507.html, Abruf am 26.06.2014.

17. **HNA (2014):** Drohnen als Löschhelfer: Kasseler entwickelten Trainingswelt, URL: http://www.hna.de/lokales/kassel/informatiker-kassel-training-flug-drohnen-3345176.html, Abruf am: 19.06.2014.

18. **Jäger, Sebastian (2014):** Google setzt auf Drohnen, URL: http://www.gamona.de/hardware/google,google-setzt-auf-drohnen%3Anews,2439047.html, Abruf am: 19.06.2014.

19. **Jerger, Roman (2012):** Künstliche Intelligenz, URL: http://www2.informatik.uni-hamburg.de/wsv/teaching/sonstiges/EwA-Folien/Jerger-Paper.pdf, Abruf am: 20.06.2014.

20. **Johansen, Anatoli (2011):** Superdrohnen entscheiden die Kriege der Zukunft, URL: http://www.welt.de/wissenschaft/article13593380/Superdrohnen-entscheiden-die-Kriege-der-Zukunft.html, Abruf am 26.06.2014.

21. **Karagiannis, Dimitras / Telesko, Rainer (2001):** Wissensmanagement – Konzepte der künstlichen Intelligenz und des Softcomputing, 2001.

22. **Kern, Sabine / Schadwinkel, Alina / Zielke, Jochen (2013):** Intelligenz, URL: http://www.planet-wissen.de/alltag_gesundheit/begabung_und_intelligenz/intelligenz/index.jsp, Abruf am: 09.06.2014.

23. **Lackes, Richard (2012):** natürlichsprachliche Systeme, URL: http://wirtschaftslexikon.gabler.de/Definition/natuerlichsprachliche-systeme.html, Abruf am: 28.06.2014.

24. **Lämmel, Uwe / Cleve, Jürgen (2012):** Künstliche Intelligenz, 4. Auflage, München, 2012.

25. **Maier, Günter W. (2010):** Intelligenz, URL: http://wirtschaftslexikon.gabler.de/Definition/intelligenz.html, Abruf am: 09.06.2014.

26. **PM-Magazin (2012)** – Was ist Intelligenz?, URL: http://www.pm-magazin.de/t/gehirn-intelligenz/gehirnforschung/was-ist-intelligenz, Abruf am: 09.06.2014.

27. **Poole, David / Mackworth, Alan (2010):** Artificial Intelligence – Foundations of Computational Agents, URL: http://artint.info/html/ArtInt_5.html, Abruf am: 20.06.2014.

28. **Rusell, Stuart / Norvig, Peter (2003):** Künstliche Intelligenz – Ein moderner Ansatz, 2. Auflage, München, 2003.

29. **Schmauch, Cosima (2006):** Wissensbasierte Systeme, URL: http://www.iwi.hs-karlsruhe.de/schmauch/wbsonline/lektion1/lk2_1.htm, Abruf am: 19.06.2014.

30. **Schiffer, Bork (2000):** Künstliche Intelligenz, München, 2000.

31. **Schmitz, Oliver (2014):** Künstliche Intelligenz – Zur Vision Alan Turings, URL: http://www.hdm-stutt-gart.de/ifak/medienwissenschaft/5%20medienkritik_medienwirkung/medienutopie n/Alan%20Turing, Abruf am: 19.06.2014.

32. **Stein, Benno (2013):** Was ist Künstliche Intelligenz?, URL: http://www2.cs.uni-paderborn.de/cs/ag-klbue/de/courses/ss05/gwbs/ai-intro-ss05-slides.ps.nup.pdf, Abruf am: 20.06.2014.

33. **Wahlster, Wolfgang (2002):** Einführung in die Methoden der Künstlichen Intelligenz, URL: http://w5.cs.uni-saarland.de/teaching/ss02/materialien/KI-2002-1FolieProSeite.pdf, Abruf am: 21.06.2014.

34. **Zielke, Jochen (2013):** Künstliche Intelligenz und Bewusstsein, URL: http://www.planet-wis-sen.de/natur_technik/computer_und_roboter/kuenstliche_intelligenz/ki_und_bewu sstsein.jsp, Abruf am 26.06.2014.